27
L. n 15057.

LE
FONDATEUR

DE L'ASSEMBLÉE

DE

LA HAUTE-ÉPINE,

PAR M. CH. DUNAND.

SENS.

IMPRIMERIE ET LITHOGRAPHIE DE CH. GALLOT,

Grande-Rue, nº 148.

1845.

AVANT-PROPOS.

Quelques hommes, nous n'en doutons pas, notamment ceux qui n'ont d'autre goût, pour la littérature, qu'une froide antipathie, qu'une indifférence toujours rationnelle, s'avanceront à pas de géant dans l'arène d'une folle critique. A peine l'idée nous est-elle venue d'écrire cette petite brochure historique sur l'origine de l'assemblée de la Haute-Epine et sa chapelle dite Saint-Augustin que déjà il nous semble les entendre élever la voix et crier dans le délire de leur sotte calomnie : Naudin ! homme obscur, dont la position sociale dans le monde ne saurait lui ouvrir une issue au dehors du cercle vulgaire au milieu duquel l'a placé la providence... Naudin! Où sont tes exploits? Où sont tes belles actions? Où sont les documents que tu peux fournir à l'embellissement de cette espèce de notice? Qu'as-tu fait de remarquable pour qu'un pauvre écrivailleur, d'une obscurité égale à la tienne, ait eu l'audace de prendre la plume pour nous écrire ces quelques pages dans l'intention généreuse de te tirer du néant? Voyons, réponds à nos questions... Ah! oui, nous le savons, tu t'es fait le fondateur de l'assemblée annuelle et brillante de ton hameau, tu as fait ériger une chapelle en faveur de tes compatriotes, et cela dans le but glorieux d'immortaliser ton nom et de consolider à jamais cette réunion solennelle au milieu de laquelle tu apparus, pour la première fois, le chapeau chinois sur la tête, tout bariolé de rubans aux couleurs fantastiques; ce sont là les faits mémorables que nous allons lire. Oh! c'est flatteur!...

Arrière, détracteurs atrabilaires d'un homme digne d'éloges, et dont les vertus justifient l'estime et le respect qu'il a su se concilier parmi nous, hommes de foi et consciencieux, appréciateurs du mérite; arrière, vous dis-je, laissez s'approcher les amis des sciences et des arts, ceux-là seuls, sans préjugés, savent que chaque homme a ses qualités personnelles plus ou moins grandes, que chaque action doit avoir son mérite. Antoine donna une maison de campagne à un jardinier qui plantait bien les choux; un roi d'Angleterre, que je ne vous nommerai pas, parce que je veux que vous lisiez pour acquérir des connaissances, éleva, au poste de ministre, un cuisinier qui sut lui faire rôtir un marcassin selon ses goûts, et dans un temps très-opportun; les Romains décernaient une couronne civique à une femme qui avait la générosité de payer les dettes de son amant; arrière, encore une fois, c'est assez mépriser le héros de notre œuvre; laissez ce petit livre aux lecteurs enthousiastes; ils le liront avec intérêt; quant à vous, médisants par profession, continuez de lancer vos viles épithètes sur les actions d'un homme qui, malgré ses apparences débonnaires, porte, dans son cœur, des sentiments dont la noblesse peut s'élever au-dessus de votre ignoble critique.

CHAPITRE PREMIER.

Augustin Naudin naquit sur les bords de l'Yonne, au hameau de la Haute-Epine, de parents qui, sans posséder une fortune colossale, jouissaient néanmoins, et jouissent encore aujourd'hui, d'une honnête aisance. Le père Naudin qui, en ce moment, est entré dans l'automne de sa vie, est considéré comme un des meilleurs propriétaires de son endroit.

Son fils Augustin reçut l'instruction première que nos paisibles et vertueux campagnards donnent ordinairement à leurs enfants; il apprit à lire, à écrire, à calculer : peut-être apprit-il aussi un peu d'histoire sainte. Chaque matin, ses parents lui remplissaient son petit panier de comestibles, puis, le faisaient partir pour Villeneuve-le-Roi où il venait à l'école chez M. Dussaussois, instituteur habile, dont le vaste génie, au dire de ses contemporains, ne dépassait pas un beau trait de plume. Quoiqu'il en soit, la renommée brillante de l'homme chargé de la lourde pédagogie des enfants n'a pas été une renommée éphémère ; nous rencontrons encore des hommes qui nous disent avec emphase : je suis un élève de M. Dussaussois. Pardonnez-moi, lecteur, cette première digression, et surtout ne pensez pas que moi, pauvre ignorant, j'aille jamais supposer de l'impéritie dans un homme si avantageusement connu, j'en serais au désespoir. Au surplus, Augustin est l'unique objet de mes réflexions, et non l'homme qui lui enseigna les éléments de la science littéraire.

A peine sorti de l'adolescence, Augustin sentit naître, dans son jeune cœur, des sentiments qui, plus tard, devaient l'élever au-dessus de ses camarades, et bientôt il éprouva le besoin de se créer une société ; mais, cette société, telle qu'il la désirait, pouvait-il la trouver au hameau triste et monotone ? Pouvait-il y goûter toutes les douceurs que nos jeunes gens trouvent à la ville ? Non, les habitants du hameau, d'ordinaire paisibles et silencieux, ne pouvaient convenir, par sympathie, au caractère ouvert et joyeux du brave Augustin ; il lui fallait des amis qui fussent plus en harmonie avec ses goûts, des amis plus gais, plus libéraux, avec lesquels il pût fraterniser et user plus bruyamment d'une jeunesse qui eût été dépouillée de bonheur s'il eût été contraint de la passer au hameau.

Augustin continua toujours ses incursions à Villeneuve-le-Roi où, par sa douceur et sa franchise, il

parvint à se faire une société de jeunes gens très-
respectables : Christophe, Anatole, Frédéric et beaucoup d'autres furent ses amis intimes et dévoués. Chaque dimanche on se voyait, on faisait sa partie de plai-
sir, on allait à la promenade, et quand Phébus, tout
radieux, disparaissait à l'horizon, qu'il rentrait dans sa
couche occidentale, les amis d'Augustin le ramenaient
tout rayonnant de bonheur, jusqu'à moitié chemin de
la Haute-Epine ; quelques refrains joyeux signalaient
souvent le départ de l'enfant du hameau qui, le lendemain, allait se livrer gaiement à ses travaux agri-
coles ; ainsi s'est passée la première jeunesse d'Augustin ; la semaine était consacrée au travail, tandis
que les dimanches et les fêtes se passaient au milieu
des plaisirs. Jamais jeune homme ne fut plus doux,
plus poli, plus sincèrement attaché à ses amis ; aussi
on aimait à préconiser l'aménité de son excellent
caractère, et ses manières affectueuses. Quand ses
occupations le retenaient au hameau, Christophe,
son plus zélé comme son plus dévoué ami, devenait
rêveur, mélancolique. Eh bien ! disait-il à Frédéric
et à Anatole, notre ami de la Haute-Epine ne vient
point ; nous allons passer un dimanche sans pou-
voir nous divertir, courons au hameau. Et en même
temps nos trois amis se rendaient auprès d'Augustin.
Ah ! c'est ça, disait Anatole en gravissant le chemin,
c'est ça un charmant jeune homme ! toujours gai,
toujours disposé à faire sa partie.... Oui, dit Frédéric, toujours libéral, ne se faisant jamais prier

pour mettre la main à la poche : vive les enfants de
la gaîté !

C'était une sympathie vraie et sincère, une fraternité digne d'exciter l'admiration de tout le monde ;
en un mot, il régnait dans le cœur de nos jeunes
gens une parfaite harmonie. Heureux les hommes
qui, comme Augustin, savent jouir des délices qu'offre
la vie séduisante d'un garçon ; ils passent des jours
filés d'or et de soie, parce qu'ils n'ont d'autre inquié-
tude, d'autre soin que celui de faire diversion aux
plaisirs !... Cette joyeuse réflexion semble devoir
ajouter du charme à la réminiscence de ma jeunesse
passée ; elle me rappelle des souvenirs qui font re-
vivre, dans mon cœur, ce temps où je m'honorais de
porter les armes pour la cause sacrée de ma patrie ,
ce temps si glorieux où je voguais gaiement dans l'im-
mensité des mers pour aller, sur le sol de la Grèce,
fouler avec orgueil les cendres de Platon et d'Euri-
pide ; ce temps, dis-je, où en Espagne je me voyais
l'objet affectionné d'une jeune et belle catalane dont
les beaux yeux noirs venaient se refléter gracieusement sur sa figure brune... Barcelonne ! je te revois ,
ô ville chérie ! que ne suis-je encore dans tes murs
avec cet âge de vingt ans, tout plein d'espoir et d'a-
venir ; je reverrais avec bonheur tes rues majestueu-
ses, toutes resplendissantes d'argenterie, et du haut
de tes remparts inaccessibles au pied desquels viennent se briser, en gémissant, les vagues de la mer
agitée, je contemplerais de nouveau les pavillons

flottants sur les bâtiments de vingt nations et, quand le bienveillant Morphée aurait fermé mes paupières, je [pourrais, tranquille dans mon lit, entendre tes fidèles *Sérénos*, criant à tue-tête, dans l'obscurité de la nuit, l'heure qui sonne et le temps qu'il fait, *Las dos intrès quartos, andados amblados !* Hélas ! le temps passé ne revient plus. Eh bien ! que le souvenir de nos beaux jours nous reste donc comme un dédommagement de la perte de nos premières années... Revenons à notre intéressant Augustin, et surtout donnons-lui toujours des marques affectueuses de notre prédilection, car notre héros, comme nous pourrons le voir en continuant notre lecture, se rendra de plus en plus digne de notre amour. Quelques lecteurs, d'un esprit contentieux, m'accuseront sans doute de chétif aliboron, d'autres, plus hardis et plus versés dans la littérature, m'opposeront, par contradiction, la plus redoutable antilogie ; ils me diront que ma narration est exagérée et que pour avoir eu recours aux sombres couleurs de la fiction je me suis égaré dans le labyrinthe ténébreux du plus ridicule paralogisme. Si quelques officieux philologues daignent jeter les yeux sur cet écrit, ils verront, avec une secrète peine, que l'auteur, pauvre néologue, manque totalement de ce quiétisme favorable aux expressions ; alors par une prudence bien digne de leurs talents, ils se contenteront de le plaindre en se disant intérieurement ; il eût mieux fait de rester dans l'inaction que de s'exposer follement au déluge de la fine et malicieuse critique de ces savants qui se montrent à vous la tête haute, parés de toutes les fleurs d'une pleine et noble érudition. J'en conviens, et j'avoue avec sincérité qu'il eût été plus prudent à moi de me restreindre à cette citation du vieux proverbe : *Laissons la rivière aux pêcheurs*. Mais j'aime Augustin, c'est un ami désintéressé, un homme qui porte dans son cœur un parfum de la plus exquise probité; pouvais-je donc, nonobstant mon ignorance, ne point vous faire l'apologie de ses vertus ? Pouvais-je ne point prendre la plume au risque de la conduire inégalement et de la tremper dans l'encre amphibologique ? Non, certes, je ne le pouvais pas; c'était pour moi un besoin impérieux; il fallait que j'écrivisse une partie de sa vie. Je ne me suis point dissimulé les coups funestes de la critique, pourtant Boileau m'a enhardi dans ce vers :

La critique est aisée, et l'art est difficile.

J'ai mes ennemis, je pourrais peut-être dire mes jaloux, si toutefois on peut-être jaloux d'un homme sans instruction, qui ne trouve son bonheur que dans le bien qu'il peut faire à ses semblables. Enfin, malgré mon intime conviction, je me suis mis à l'œuvre, bien déterminé à marcher le corps droit et d'aplomb sur la route épineuse et glissante où tant de prétendus bons marcheurs viennent se rompre le cou, après avoir fait quelques pas à travers la plus sombre ambiguïté.

Ainsi donc, lecteur mon ami, dites-moi ce qu'il vous plaira, assimilez-moi à ces hommes ineptes comme nous en rencontrons quelquefois, je ne m'en fâcherai pas, et d'ailleurs, plus notre ignorance est rationnelle, plus nous avons de droit à votre charitable tolérance. Je suis insensible à la critique comme je le suis à l'adulation; seulement, en écrivant cette brochure, je satisfais une fantaisie tout en obéissant à l'impulsion que je sens fomenter dans mon cœur depuis quelque temps.

Augustin est un charmant jeune homme, ses qualités personnelles nous le montrent sous tous les rapports comme le héros de nos intéressants romans. Cependant, je ne vous peindrai point ses amours, je ne lui en connais point, il ne s'est jamais assis sur le char de Vénus, et je crois que nous pourrions le classer dans la catégorie de ce petit nombre d'hommes peu fertiles en aventures de ce genre, se contentant de presser, par hasard, le bout du petit doigt d'une femme, et cela avec une indifférence peu propre à faire battre le cœur de nos belles mijaurées.

Vingt fois, ses amis les plus intimes lui ont dit que le mariage lui était nécessaire; mais il ne leur répond que par un signe d'approbation, comme un jeune homme qui serait, pour ainsi dire, tenté de jurer fidélité au célibat.

Un jour Anatole lui parlait, mais confidentiellement, d'une belle blonde au teint de rose, aux yeux bleus, et brillants comme son cœur, à la taille bien dessinée, cette blonde, c'était Clara. Ecoute, lui dit Anatole, avec cette franchise qui caractérise si bien les vrais amis, je veux te faire faire la connaissance d'une belle, jeune et riche demoiselle ; je lui ai parlé de toi plusieurs fois, et dans ses réponses, j'ai constamment remarqué, qu'un secret sentiment l'animait en ta faveur. — Oh ! je n'ai point l'intention de me marier, dit Augustin, et puis, Anatole, je dois te l'avouer, je ne suis guère cavalier auprès des dames qu'on nous peint si trompeuses en apparence. — Qu'importe, la hardiesse te viendra, Clara est belle comme les anges de Raphaël, la nature l'a parée de tous ses dons : elle est taillée sur le modèle de Thétis et de Pénélope, avec elle point de faste, point de ces cérémonies ennuyeuses qui paralysent les émotions que nous font éprouver de beaux yeux ; elle a de la douceur et de l'affabilité dans ses manières, aussi, je te présenterai moi-même, et je me charge de faire réussir ton mariage.

— Crois-moi, Anatole, tant de qualités m'éblouissent, et me font croire que mademoiselle Clara dédaignerait de me compter au nombre de ses adorateurs. — Je suis persuadé qu'elle t'aime, je l'ai lu dans ses yeux, allons, j'espère que tu ne pousseras pas la couardise au point de reculer devant une si belle occasion. — Tu sais que mes intentions ne sont point de me marier. — Va donc, quand tu auras vu tant de trésors, quand tu verras ce séduisant sourire venir effleurer ses lèvres vermeilles, et que tu auras

pressé sa main dans la tienne, l'amour se glissera dans ton cœur, et, une fois ce cœur attaqué, tu sentiras..
— Eh bien ! soit...

Le lendemain, c'était un beau dimanche de printemps, Anatole conduisit Augustin chez la belle et doucereuse Clara ; elle était seule avec Frédéric. Dès que celui-ci aperçut d'un peu loin ses deux amis et qu'il vit qu'ils se dirigeaient contre la demeure de Clara, il crut qu'ils venaient le chercher pour quelques nouveaux plaisirs, et comme il n'en connaissait pas de plus grand que celui d'être à côté de celle que son cœur chérissait, il passa furtivement dans une chambre contigüe sans être vu ni entendu. Déjà les deux visiteurs sont entrés. Clara les reçut avec un empressement qui tenait de la bonté même ; elle leur offrit de s'asseoir ; Augustin s'inclina respectueusement devant l'image adorable de sa première et future conquête qui lui plut infiniment dès le premier abord.
—Mademoiselle, lui dit Anatole en s'asseyant, voici le jeune homme dont je vous ai parlé tant de fois ; je vous le présente moi-même, persuadé que vous serez contente de la démarche hardie que j'ose faire auprès de vous ; Augustin est doué de tous les sentiments qui concourent à faire un excellent mari. Clara lui fit signe de se taire, mais Anatole ne comprit rien à ce geste inaccoutumé.—Vous serez heureuse avec lui comme il le sera avec vous, poursuivit-il, votre union fera le bonheur de tous deux ; ainsi, mademoiselle, vous ne pouvez mieux fixer votre choix que sur la personne

d'Augustin. Clara était dans des transes horribles, elle savait que Frédéric était là, qu'il allait tout entendre, et que cédant à l'impétuosité de sa jalousie il pourrait lui faire une scène un peu trop sévère.—Taisez-vous leur dit-elle à voix basse, il y a là dans cette chambre une personne malade. et en même temps Frédéric, furieux, égaré, sort de la chambre en criant : non il n'y a personne de malade ! C'est moi qui était là, c'est moi qui vient de tout entendre. Il s'approche de Clara en jetant sur elle un regard furibond : Vous êtes une perfide, lui dit-il d'une voix tonnante ; mes soupçons étaient bien fondés, je savais que vous deviez rompre toute espèce de liaison avec moi pour vous jeter dans les bras d'un autre, et, cet autre, c'est mon ami, c'est Augustin. La stupéfaction d'Augustin fut à son comble ; il crut d'abord qu'on se jouait de lui ; il se leva sans articuler une seule parole. Ses regards s'arrêtaient tantôt sur Anatole, tantôt sur Clara, comme un homme qui cherche à pénétrer le secret mystère d'un guet-à-pens.— Quoi donc ! ajouta Frédéric avec un sourire ironique, toi qui fus toujours mon ami intime, tu voudrais fouler aux pieds ce beau titre pour prendre celui de rival. Ah ! Augustin, je ne te connais plus, tu n'est qu'un parjure. -- Frédéric, tu as de trop belles preuves de mon estime, tu sais que la sympathie qui nous anime ne saurait souffrir de rivalité entre nous ; mademoiselle Clara restera l'objet de ton amour ; elle sait trop bien qu'un tel échange lui causerait une trop grande perte.

Anatole s'excuse auprès de Frédéric, il lui dit qu'il ignorait que Clara fût sa maîtresse, et après quelques explications, nos trois amis se réconcilièrent avec la gaîté.

CHAPITRE II.

Naguère, à Villeneuve, ô charmante jeunesse !
Nous admirions en toi la vertu, la sagesse.
Alors, dans tous les cœurs, régnaient l'intimité,
L'accord et l'union, puis la fraternité ;
Mais carnaval hideux, bonhomme imaginaire,
Chéri de tous les fous, adoré du vulgaire,
Apparut en habit. Et d'un bal corrupteur,
Se déclarant le chef et le provocateur,
Fit naître dans nos cœurs la triste zizanie
Et brisa les liens de la bonne harmonie.

Deux années se sont écoulées depuis le jour malencontreux où Augustin se proposait, mais involontairement, auprès de Clara, pour l'humble rival de son ami Frédéric. Soit manque d'amour pour le beau sexe, soit l'incident causé par l'apparition brusque et spontanée de Frédéric, il n'en est pas moins vrai que depuis ce temps il n'a pas poussé un seul soupir, même pour la plus belle-nymphe du hameau ; rencontre-t-il, parfois, quelque agaçant minois de Villeneuve, c'est à peine s'il donne un coup d'œil de convoitise sur son séduisant corsage. Augustin ne ressent point, comme nos élégants amoureux, à la bouche en cœur, le doigt sur le troisième bouton de l'habit, ce doux tressaillement que produit si vivement la vue d'un petit pied, d'une taille svelte, et d'un sourire agréable, rien ne peut faire impression sur son cœur. Il a trente ans, c'est l'âge où l'homme songe à mettre un terme aux plaisirs variés du jeune garçon ; c'est à cette époque heureuse de la vie qu'il faut se donner une fidèle et vertueuse compagne, et cependant Augustin ne se presse pas ; la douce quiétude de son esprit le laisse bien tranquille sur cet objet : à quoi bon, dit-il, une femme, quand on peut s'en passer ? Surtout quand on a un joli patrimoine en perspective ? Le bonheur de l'hymen est-il donc si grand, qu'on puisse se jeter si vite dans les bras du mariage ? Oh ! non, c'est un bonheur à peine éphémère, car une fois en ménage, adieu la liberté, adieu les parties de bonheur, adieu aux amis dévoués, on rentre dans les soucis d'une nouvelle vie pour laquelle il faut se dévouer tout entier et pour laquelle, aussi, il faut tout oublier.

Ainsi raisonnait Augustin, quand un beau matin Anatole vint lui apprendre que la discorde au sujet d'un bal par souscription venait d'éclater parmi les jeunes gens de Villeneuve ; c'était au temps du carnaval : ce bal, lui dit-il, aura lieu pendant les trois jours gras, dans le salon de Flore. — Eh bien ! est-ce donc là un motif assez puissant pour souffler la désunion daus tous les cœurs ? — Avant de répondre, écoute-moi, et tu vas voir qu'aujourd'hui le monde pullule de faux amis, de parjures : Frédéric qui affectait auprès de nous une si sainte amitié, n'est qu'un hypocrite. — Frédéric ?.. — Oui, ce grand cafard ; il fait partie de ce bal, et de concert avec quelques fastueux, il a dit que pour y être admis, il fallait être un peu distingué, avoir le ton du grand monde, et les manières souples de nos danseuses de l'Opéra, et comme ni toi, ni moi, ni beaucoup d'autres n'ont été jugés avoir ces qualités brillantes, on nous a exclus, rejetés comme des hommes objets indignes de mettre le pied dans le vaste et somptueux salon de Flore. — Où est donc situé ce salon de Flore que tu me dis être si élégant ? — Rue du Chêne-Vert. — Ah ! ah ! ah ! je le connais, moi ce salon !.. et tu dis, toi, Anatole, que l'entrée nous en est interdite. — Oui, mon cher, formellement interdite, car notre présence dans cette réunion de jeunes gens choisis ne ferait que souiller l'honneur de tous ces élégants fanfarons. Ainsi pour ne point rester au-dessous de ces prétendus beaux parleurs, de ces hommes gonflés d'orgueil et de vanité, il ne nous reste qu'un moyen. — Un moyen, s'écrie Augustin, et je l'ai deviné : nous ferons un bal aussi nous, non pas au salon de Flore, mais au salon d'Apollon ; Christophe sera des nôtres. Oh ! sois tranquille, Anatole ; s'ils ont fait mépris de nous, nous pourrons leur prouver par la suite qu'une telle action était bien digne d'un orgueil effronté.

Quelques jours plus tard, deux sociétés se formèrent à Villeneuve-le-Roi ; la première composée
comme nous venons de le voir, de jeunes gens choisis
à leur gré, s'arrogea le titre flatteur de *Joyeux*, la seconde qui était celle d'Augustin beaucoup plus modeste dans ses actions, beaucoup moins prétentieuse,
et peut-être un peu moins arrogante, prit la dénomination d'*Indivisibles*, légende heureuse dont l'expression annonçait l'union, l'intelligence et la fraternité.
Dès-lors cet esprit de parti, cette dissenssion qui devait
nécessairement éclater avec une nouvelle fureur, se
manifesta de plus en plus. Chacun vantait sa société
quelquefois outre mesure, les rencontres étaient
constamment signalées par de viles et mordantes épigrammes sorties de la bouche des *Joyeux;* c'était une
guerre anarchique qui allait devenir fort désagréable;
mais Augustin doué de sentiments plus élevés, disait
à ses amis : messieurs, n'opposons pour arme défensive à nos antagonistes astucieux qu'un froid silence ;
sachons mépriser leurs épithètes dont la grossièreté
égale leur mauvais esprit.

En parlant ainsi, Augustin donnait une preuve
irrévocable de sa sagesse; aussi eut-il toujours beaucoup d'ascendant sur les *Indivisibles* : plus les *Joyeux*
les invectivaient, plus ils restaient froids et inébranlables; leur prudence digne d'éloge ne faisait qu'irriter
ces hommes dont la bouche ne s'ouvrait que pour
vomir une insulte. Gardez-vous bien, lecteur, de me
taxer d'homme partial, car je ne tiens ni pour l'une

ni pour l'autre de ces deux sociétés qui, d'ailleurs, n'existent plus aujourd'hui. Ami consciencieux du vrai, je ne puis passer sous silence toutes les paroles diffamantes vociférées par quelques hommes de la société joyeuse, et si les *Indivisibles* avaient à leur tour commis quelques fautes contre les mœurs, je n'userais envers eux d'aucun ménagement. Ainsi donc, en ma qualité d'écrivain impartial, mon devoir est de rapporter fidèlement toutes les scènes qui se sont passées pendant tout le temps qu'a duré la discorde.

Le jour fixé pour le bal de la société indivisible arriva heureusement à la mi-carême ; tout le monde y fut convié, l'affluence était considérable. L'orchestre d'Apollon brillait de tout son éclat. Jamais bal par souscription n'avait obtenu une vogue si nombreuse : la foule s'y portait comme par enchantement : ce sera toujours ici dans le salon d'Apollon que se réuniront les amis de la société indivisible, se disait-on en se donnant des poignées de main toutes cordiales ; désormais, notre devise sera : union, sympathie et fraternité. La gaieté la plus animée venait se refléter sur tous les visages. Augustin était ivre de bonheur ; toutefois au milieu des plaisirs, il savait conserver ce sang-froid et ce calme qui ne le quittent jamais.

A partir de ce jour, la société joyeuse vit avec regret son orgueil abattu, elle ne pouvait plus rivaliser avec les hommes qu'elle avait eu l'audace de mépriser, tandis que ses redoutables rivaux n'avaient plus qu'à marcher de succès en succès. Cependant les *Joyeux* se calmèrent insensiblement, et bientôt ils n'eurent plus qu'à crier à l'apostasie, car de nombreuses défections eurent lieu ; chaque jour les *Indivisibles* recevaient de nouveaux prosélytes. Frédéric, lui-même, regrettait sincèrement d'avoir rompu ses liaisons intimes avec Augustin ; mais son amour-propre le retenait aux *Joyeux*. Clara voudrait passer aux *Indivisibles*, elle se rapprocherait de sa camarade Justine qu'elle a toujours aimée. Justine ! ah ! c'est une demoiselle élégante, le vrai miroir de tous les cœurs, c'est un de ces chefs-d'œuvre de la nature comme les peintres habiles nous en font quelquefois, mais comme on en rencontre rarement ; Christophe en raffole, il veut en faire son épouse, il lui en a fait le serment le plus inviolable. Cette pauvre Clara, disait-elle à Christophe et à notre brave Augustin, nous étions si intimement liées ensemble, et la voilà maintenant dans une société qui ne me convient pas sous le rapport de la bienséance ; hier encore j'ai rencontré deux joyeux ; ils m'ont insultée en pleine rue sans respect pour les mœurs ; j'ai eu honte. — Vous auriez dû les mépriser intérieurement, lui dit Augustin, car de tels hommes sont méprisables, quand par hasard je me trouve avec eux, j'ai bien soin d'abhorrer leur présence afin d'éviter quelques paroles désagréables. — Ah ! vous faites bien, Augustin, il faut les fuir, c'est le seul moyen de se soustraire à leurs insultes sans cesse réitérées. — Eh bien ! dit Christophe, je ne suis point de votre avis moi, car plus je les entends diffamer contre nous, plus ma satisfaction est pleine et entière; alors, ils me montrent à découvert non seulement leur mauvais esprit, mais encore leur poignante jalousie, ce poison indigeste qui fait vomir mille sottises en un jour; je me borne à leur répondre par un sourire moqueur. Voulez-vous savoir parmi tous ces rodomonts lequel est le plus sot et le plus stupidement ignorant? Eh bien! c'est Frédéric, il n'a pour partage qu'une langue beaucoup trop longue, instrument de la plus noire médisance. Pauvre Clara! elle n'aura pas un mari spirituel!.. — Un mari! dit Justine avec une vivacité que semblait provoquer son indignation, Clara épouserait Frédéric, oh! jamais; c'est un grand fat, fier de sa personne et dont la sotte vanité se rattache à l'impertinence; non, non, Clara ne l'épousera pas, elle n'a pas assez d'amour pour lui, mais voici Anatole, il a l'air tout consterné. — Ah! ah! bonjour les amis, les *Indivisibles*. — Bonjour, Anatole, dit Augustin en lui tendant une main amicale. Eh bien! quelle nouvelle? — Messieurs, j'arrive auprès de vous tout stigmatisé de la foudre des *Joyeux* : ils viennent de m'insulter comme d'habitude; il n'est sortes d'horreurs qu'ils n'aient vociférées contre notre société; Frédéric était là, j'ai vu le moment qu'il allait crier anathème aux *Indivisibles*. Je n'ai rien repondu, je me suis contenté de leur rire au nez. — Tu as agi comme un homme prudent doit agir en pareille circonstance. — J'ai vu Clara, elle m'a dit qu'elle allait quitter cette société pour passer dans la nôtre. — Ah ! tant mieux , dit la belle et intéressante Justine , nous serons ensemble , quel bonheur ! Que lui importe après tout que Frédéric reste fidèle aux *Joyeux* , elle ne l'aime pas, elle m'en a fait l'aveu , il y a quelque temps. — Qui pourrait donc aimer un homme sans qualités aimables, dit Christophe , un sot orgueilleux qui a la prétention de se donner pour quelque chose dans la société , et qui au résumé est un peu moins que rien. — Eh bien ! Augustin, laissons Frédéric avec ses manières un peu lourdes , et songeons que le moment est très-opportun.— Que veux-tu dire, Anatole ? —Que Clara pense toujours à toi , elle t'aime autant qu'une femme peut aimer un amant, songe donc qu'elle ne vient se ranger sous la bannière de notre société que par un pur sentiment d'amour pour toi , et que tu serais indigne d'elle si tu ne répondais pas à ses espérances. — Tu as raison, Anatole , tu parles en homme qui sait que l'amour ne peut se payer que par l'amour ; mais en ce moment je ne puis m'en occuper; je mûris depuis quelques jours un projet dont le résultat pourra faire la gloire de notre société et le tourment des *Joyeux* , et d'ailleurs, je te le répète , je n'ai nulle envie de me marier. Ainsi , mes amis , nous allons nous occuper avec toute la ponctualité possible de réaliser mon projet ; il peut intéresser, non-seulement les jeunes gens de Villeneuve-le-Roi, mais encore les habitants des communes voisines. Il s'agit de fonder une assemblée au hameau de la Haute-Epine.

CHAPITRE III.

Estimable Augustin, objet de tous nos vœux,
C'est aujourd'hui le jour que ton cœur généreux
Doit fonder au hameau la brillante assemblée
Où la jeunesse en foule au printemps rappelée
Viendra se divertir.... Et là, comme amateur,
Tu t'entendras nommer, l'auguste fondateur.

Après quelques jours de réflexion, Augustin communiqua ses projets aux amis de la société indivisible; il leur fit sentir qu'en établissant une assemblée à la Haute-Epine, la société se rendrait de plus en plus digne de louange : je m'imposerai, leur dit-il, de grands sacrifices, je ne négligerai rien pour donner une grande solennité à cette première réunion pour laquelle je m'institue le dévoué fondateur; mais je vous rappelle, messieurs, qu'il est des circonstances, où par politique, il faut se prêter à tout, même jusqu'au ridicule; eh bien ! je suis prêt à tout souffrir, à tout endurer, à tout entendre: pourvu que je puisse triompher dans mon entreprise, le vœu de mon cœur sera rempli.

La proposition généreuse d'Augustin fut agréée unanimement, certes, au grand désappointement des joyeux qui ne voyaient qu'avec jalousie les progrès rapides de leurs respectables rivaux.

La société s'assembla à Villeneuve-le-Roi, elle était nombreuse, et brillante du plus noble enthousiasme; la gaieté la plus bruyante faisait épanouir tous les cœurs. Anatole se détacha d'avance; il courut au hameau habiller son ami Augustin, il mit tout en œuvre pour lui donner tout le ridicule du pierrot des Funambules; une barbe postiche donnait à sa physionomie un air martial: on eût dit un vieux grognard de la Moscova; le chapeau chinois sur lequel flottaient mille rubans de toutes les nuances achevait de compléter son travestissement. Doucement lecteur, ne riez pas si haut, Augustin n'était point comme ont osé le dire certaines personnes toujours portées à médire, un idiot, un homme sans énergie, sans caractère, supportant patiemment les rudes bouffonneries du public; il savait qu'en pareille circonstance il devait se métamorphoser en polichinelle, afin d'attirer plus sûrement la foule et d'assurer à jamais son entreprise. N'est-il pas des époques dans la vie où l'homme quelle que soit sa condition, doit sortir un instant en dehors des limites de son caractère? N'est-il pas des situations, où pour servir non seulement ses intérêts personnels, mais encore les intérêts d'autrui nous devons nous oublier un moment, fouler aux pieds notre amour-propre en nous pliant gaîment sous la force des circonstances? Oui, nous avons vu des hommes bien haut placés faire dans un temps ce qu'ils eussent rougi de faire dans un autre. Aujourd'hui notre action, quelque ridicule qu'elle soit, sert les intérêts de la société; demain elle les compromettra évidemment, alors, nous aurions honte de faire, demain, ce que nous venons de faire aujourd'hui.

Eustache de Saint-Pierre ne vint-il pas la corde au cou apporter les clefs de la ville de Calais à Edouard III, roi d'Angleterre, qui en faisait le siége? Napoléon, au Caire, ne prit-il pas le costume musulman? Ne se fit-il pas passer pour un vrai sectateur de Mahomet? Oui, vous le savez. Le premier se rendit au camp d'Edouard pour sauver au péril de ses jours les Calaisiens qui allaient devenir victimes de toutes les horreurs de la guerre : le deuxième mit le turban oriental sur sa tête altière pour s'attirer la confiance des peuples fanatiques et s'assurer la conquête de l'Egypte. Pourquoi donc Augustin vous a-t-il paru ridicule, ma belle lectrice, car c'est à vous que je m'adresse ; j'aime beaucoup les lectrices surtout celles qui comme vous sont brillantes d'esprit, ont un doux sourire, une taille mignonne que je ne puis voir sans.... éprouver de vives émotions? Je vous le répète, Augustin savait que tout ce ridicule dont il a été l'objet était matériellement nécessaire pour faire réussir cette belle assemblée à laquelle vous vous rendez aujourd'hui toute resplendissante de bonheur, parée de vos plus beaux atours, vous pavanant nonchalamment à côté de votre amant. Oui, notre héros savait que le succès de son entreprise tenait évidemment à cette burlesque cérémonie, et tout en adaptant une splendide barbe sur sa figure gracieusement empreinte d'une exquise bonhomie, il ne se dissimulait point la malicieuse raillerie du public ; il s'avouait intérieurement qu'il allait devenir le jouet de ceux qui se disaient ses meilleurs amis ; mais toutes ses persuasions intimes pouvaient-elles être assez puissantes pour arrêter notre fondateur ? Oh ! non, quand un homme de sens a conçu quelque dessein, il marche hardiment à travers les vicissitudes qui le menacent... Augustin voulait doter son hameau d'une assemblée annuelle, il voulait triompher des critiques, et, il a triomphé ! mais aussi, quel stoïcisme ! quelle fermeté il lui a fallu ! et pour m'expliquer plus poétiquement, quel dévouement il lui fallait pour braver fièrement les mauvais propos des *Joyeux* ; une action si généreuse ne pouvait naître que d'une âme grande et magnanime. Opprobre et mépris sur vous, vils critiques, qui, par une sotte ignorance, n'avez pas craint de l'apostropher, de le traiter honteusement d'imbécile. Tout ce qu'il a fait, en dépit de votre stupide et ignoble médisance, n'avait-il pas pour but l'intérêt de vos plaisirs ? Oui, eh bien ! remerciez-le donc aujourd'hui de vous avoir institué une si belle et si brillante assemblée, dites qu'Augustin est un homme de cœur.

Les *Indivisibles* avaient à leur tête la musique composée de la société philharmonique de Villeneuve. Augustin, accompagné d'Anatole, vint à leur rencontre ; à son aspect, à la vue de ces mille rubans fantastiques qui flottaient originalement sur sa tête, la joie la plus solennelle se peignit sur tous les visages.

Voilà Augustin ! voilà Augustin ! criait-on de tous côtés. Et la musique se mit à exécuter plusieurs morceaux dont la vibrante harmonie nous plongeait dans la plus douce et la plus ravissante extase. Christophe était porteur d'un superbe bouquet ; il en fit lui-même hommage au fondateur en prononçant le petit compliment strictement exigé : « Monsieur le Fondateur de l'Assemblée de la Haute-Epine, le bouquet que j'ai l'honneur de vous offrir au nom de la *Société indivisible* va briller sur votre cœur comme le symbole de la belle et grande action que vous faites aujourd'hui ; un tel hommage est trop au-dessous de votre générosité : c'est cependant le seul que nous puissions vous présenter en ce moment ; daignez, je vous prie, l'agréer comme gage authentique de notre reconnaissance, et comme l'heureux prélude du brillant et entier succès qui vous attend.

Augustin reçut le bouquet avec dignité. Je le reçois, dit-il d'une voix assurée, au nom de l'aimable société qui m'entoure ; puisse-t-il perpétuer à jamais l'assemblée que nous allons établir et rappeler dans nos cœurs, au jour de l'anniversaire, ce moment heureux qui me sera toujours cher. » Et en même temps des cris répétés de : vive saint Augustin, se firent entendre dans la foule. La joie était à son comble. Christophe fixa le bouquet à la boutonnière de l'habit d'Augustin ; quatre rubans de longueur lui furent attachés, deux à chaque bras, et tenus par quatre membres des plus notables de la société. Le fondateur marchait au milieu de ces quatre hommes d'honneur avec recueillement, tel un prêtre sous le dais aux jours de procession.

On arriva au lieu où devait se donner le bal champêtre : tout le monde était dans l'ivresse ; la musique était délicieuse et belle de dévouement. Une espèce d'échafaudage servait d'orchestre aux enfants d'Apollon. Augustin honora le bal d'une première contredanse ; mais sa munificence devait-elle se trouver pleinement satisfaite d'une ouverture de danse ? Était-ce assez pour lui de sauter dans la poussière ? Non lecteur, sa générosité ne devait point s'arrêter là. Augustin savait, par expérience, que les danseurs seraient bientôt altérés ; il savait qu'en pareille circonstance les amis de la *Société indivisible* étaient atteints d'une soif insatiable. Comment donc va-t-il étancher cette soif ? Comment donner à boire à une foule de jeunes gens ? Les mènera-t-il à l'auberge, au cabaret, à la guinguette ? Non, non, ces établissements n'existent point au hameau. Eh bien ! Que faire ? Où aller ? Patience, hommes toujours disposés à vider le liquide, on va vous servir....

Augustin fit placer une feuillette de vin à l'entrée du bal ; elle était debout, défoncée, un garde champêtre était là, chargé de maintenir l'ordre et d'éloigner tous ceux qui n'appartenaient point à la société du fondateur. O fontaine artificielle! Pourquoi devais-tu te tarir sitôt ? Pourquoi ne reviens-tu pas chaque année avec l'anniversaire de l'assemblée? Il y aurait encore autour de toi exubérance d'hommes exténués de soif, le verre en main, buvant à longs traits la liqueur spiritueuse, et les cris frénétiques de : vive saint Augustin, se feraient encore entendre.

Frédéric, malgré la défense expresse des *Joyeux*, n'avait pu résister au désir d'assister à cette réunion. Il était là, se tenant à l'écart, cherchant Clara des yeux, au milieu de la foule et maudissant ses rivaux. Il se faisait un secret tourment de leur succès, un sourire moqueur venait parfois errer sur le bord de ses lèvres. Christophe l'observait dans tous ses mouvements ; il ne le perdait pas de vue, et comme il voulait mettre son amour-propre à de rudes épreuves, il l'aborde et l'invite à se rafraîchir à la fontaine temporaire, mais il refusa, ne voulant pas sans doute s'attirer l'animadversion des *Joyeux* : apprends, lui dit-il, avec cette arrogance inhérente à son caractère sottement orgueilleux, apprends qu'un *Joyeux* s'avilirait en buvant au tonneau banal de ta société. — Quoi! tu refuses mes offres généreuses? — Oui, je refuse avec le même dédain que je refuserais d'entrer dans ta société. — Pourquoi viens-tu donc ici avec nous ? — J'y viens en amateur et pour veiller à la conduite de Clara ; d'ailleurs, je n'ai aucun compte à te rendre sur mes actions ; toutefois, malheur à Augustin s'il danse avec elle !—Allons, Frédéric, calme-toi ; songe qu'une lutte entre nous serait trop inégale. Clara a quitté ta société pour passer dans la nôtre, persuadée qu'elle n'y trouverait que des jeunes gens doués de beaucoup de sagesse. Et puis un puissant motif l'appelait parmi nous : Justine est son intime amie, comme sa plus chère confidente, et certes il n'était pas naturel qu'elles fissent deux sociétés ; au surplus, je ne dois plus craindre de te désabuser, puisque tu n'as pas craint toi-même de mourir d'apostasie ; Clara ne t'aime pas ; elle te préfère Augustin ; elle dit avec raison que ton caractère grossier est trop peu en harmonie avec ses mœurs, tandis que ton humble rival recèle dans son cœur des vertus que tout le monde admire.— Des vertus !.. pauvre sot !.. Qu'appelles-tu donc vertus ? — C'est assez m'interpeller ; je ne te répondrai point ; mais souviens-toi qu'Augustin vaut cent *Joyeux*... Et là-dessus Christophe s'éloigna, laissant Frédéric en proie à sa jalousie... Ah ! Clara, moi qui t'aime avec tant d'ardeur, avec tant de sincérité, tu vas me préférer un campagnard, tu me fuis, comme si ton cœur n'avait plus que de l'antipathie à offrir au mien ; mais tu n'es qu'une ingrate, une perfide, indigne de mon amour. Oh ! sois tranquille, plus tard tu auras à te repentir de tes perfidies ; elles rejailliront sur toi, pauvre femme! Ainsi s'exprimait Frédéric, et pendant ce soliloque il s'en revenait navré de douleur. Toutes ses espérances se sont évanouies! Clara ne sera point son épouse... cruelles réflexions!...

La danse est échauffée; Anatole a dansé avec Clara. Justine est heureuse; elle se divertit avec Christophe, avec son amant qui a un si puissant empire sur son cœur. Est-il, sur cette terre où tout est vanité, un bonheur qui puisse jamais égaler celui de nos amants? A la vue de notre dulcinée, une émotion subite, mais douce, vive, entraînante, vient embrâser notre âme de ce feu sacré qui semble devoir nous léguer une nouvelle vie... Amour! amour! ton nom seul vient réveiller tous mes sens; tu m'enchantes, tu me ravis en extase; les années ont déjà blanchi quelques-uns de mes cheveux; mais elles ne pourront jamais effacer ton souvenir de ma mémoire; mes sympathies se reporteront dans tous les temps vers les lieux où mon cœur, jeune alors, était fortement atteint de cette maladie qualifiée de passion romanesque, Barcelonne, Toulon, Amboise, Saint-Omer, Calais, Béthune, Paris, Metz, Strasbourg, ô villes chéries! témoins de mes aventures! ô cités sublimes! qui avez poussé Vénus, tant de fois, dans mes bras, et qui m'avez rassasié de ce nectar délicieux versé par la main blanche et potelée des naïades dans la coupe des amants! Rappelez-moi donc dans vos murs, dans vos sites pittoresques, avec cette jeunesse bouillante et vos nymphes séduisantes qui, naguère, me faisaient oublier que j'appartenais au monde. Rendez-moi ce bonheur qui ne pouvait être comparé qu'à celui de la divinité et je cesserai de me plaindre. O douce sensation! laisse-moi, ne viens plus me faire exhaler ces longs soupirs que je poussais jadis à la vue d'un petit corsage!.. Mille pardons, ma belle lectrice, je n'ai point pris à tâche de vous donner ici une notice de ma vie privée, bien qu'elle vous intéresserait très-vivement, je ne veux point, pour satisfaire à votre curiosité, me rendre coupable d'une sotte digression. Je ne laisserai point là Augustin dans un moment où sa grande libéralité va se montrer de nouveau à nos yeux; j'en serais bien fâché.

Déjà la fontaine enivrante est totalement épuisée; elle ne sert plus la soif de nos danseurs volontairement altérés. La nuit déploie son sombre et large manteau. Le bal est terminé; les musiciens sautent en bas de l'orchestre. Chacun fait des vœux pour que cette fête se renouvelle chaque année à la même époque.

Augustin est ramené à Villeneuve-le-Roi par Anatole et l'ami Christophe. Justine et Clara lui font force compliments. Chaque cavalier presse la taille de sa dame; on marche dans l'obscurité de la nuit sur un chemin raboteux, on se lutine, on se pousse, la plupart s'embrassent, tandis que d'autres s'écartent de la foule pour aller chercher le silence sous l'épais feuillage, et là, sur la molle arène, à la faveur des ombres, ils jouissent... du bonheur d'appartenir au monde!... La société rentre triomphante dans la ville ; telle une armée qui viendrait recueillir, au sein de sa patrie, les palmes de la gloire, après avoir moissonné les lauriers glorieux dans le champ de ses ennemis. La musique se reforme en tête de la folâtre jeunesse ; on traverse les rues en criant : *Les Joyeux sont vaincus !...* Il n'est pas jusqu'au plus petit enfant, jusqu'aux femmes valétudinaires qui ne soient sorties de leur maison pour se porter sur le passage de cette société toute resplendissante de bonheur et de dévouement.